JN439331

국립중앙도서관 출판시도서목록(CIP)

사하라는 피지 않는다 : 이해웅 시집 / 지은이: 이해웅.
-- 대전 : 지혜, 2013
p. ; cm. -- (지혜사랑 ; 079)

ISBN 978-89-97386-50-5 03810 : ₩10000

한국 현대시[韓國 現代詩]

811.62-KDC5
895.714-DDC21 CIP2013004404

지혜사랑 079

사하라는 피지 않는다

이해웅

시인의 말

이성은 지구촌 위에 거미줄같이 그물망을 펼쳐놓고, 감성은 그곳에 걸려드는 피라미 새끼 한 마리도 놓치지 않으려 눈길을 보낸다. 나의 시어는 그 와중에서 태어난 눈물겨운 흔적들이다.

견고한 어둠을 파헤치는 곡괭이의 날은 무뎌 가는데 통로의 끝은 아직 안개 속이다. 그러나 멈출 수 없는 이 노동, 지금 저기 나의 분신인 나뭇잎 하나가 가지 끝에서 파르르 떨고 있다.

2013년 3월

금정산 아래에서 이해웅

차례

1부

2부

3부

4부

1부

춘계 대청소

육질이 강한 은유를 내려놓는다
휘발성 강한 상징을 패대기친다
제유와 환유가 가진 탐욕의 밥그릇을 빼앗는다
인간의 오관五官에서 비롯한 이미지들을 모두
원대복귀시킨다

골목마다 짙게 드리운 혹한이 남기고 간
그림자들 말끔히 걷어낸다

고요한 봄날 아침
행간으로 흘러가는 물소리 한결 정겹다

바람의 혈통

바람의 오지랖엔 항용 선지피가 묻어 있다
시간만 나면 나무를 타고 오르는 그의 본능은
영락없는 원숭이의 가계거나 아니면
혈거족의 동굴 이미지가 풍선효과를 나타내는 것이다

바람이 지나가며 발끝으로 툭툭 걷어차는
풀잎이며 호수의 등판, 여인의 머리카락 등등
해찰궂은 그의 성미가 그냥 지나칠 순 없다

여태 그가 사막을 떠나지 못하는 건
모래언덕 속 감춰둔 조상의 흰 뼈들 때문
그것이 어디서 온 것인가를 묻는 것은
부질없는 일이다

불다 그치기를 반복하다
갑자기 짚동 같은 힘을 쓰는 건
잘 발달된 근육질과 그것을 도와주는

탄탄한 뼈대가 그 속에 버티고 있음으로써다

불어오는 저 바람 속 아득히 묻어나는
휘파람소리는 사막회오리가 일어날 때
모래언덕 속 깊숙이 묻혀있는 조상의 뼈를
들춰내기 때문이다

전설처럼 떠도는 궁전

날 보란 듯이
날 보란 듯이
흰개미들은 백옥의 궁전 속으로
종적을 감추려 한다
항문을 치켜든 채
수직으로 하강하는
저 절멸絶滅의 잠적을

잠깐 동안 환하던 세상
지워진 건 현상적 기억만이 아니다
날랜 그들의 식성
무리를 규율하던 질서
숭상되던 노동의 가치
모두가 떠받들던 순결성
함께 소실점 너머로
사라져 갔다

간혹 꿈으로 현현되기는 하나
현세에선 볼을 스치는
바람 같은 것
바람에 쓸려가는 나뭇잎 같은 것이
추억의 실마리를 제공할 뿐

그들이 지은 백옥의 궁전
발굴의 목록 어디에도 찾을 길 없는
그저 전설처럼 떠도는

손차양 밑으로 가는 사나이

길게 자란 손톱 밑으로 황사가 일고
한 사나이 가고 있다

하늘엔 하얀 달이 떠있고
철 지난 매미소리 허공에
투망처럼 펼쳐진다

바다는 자궁 속처럼 적막하다

카파도키아*는 자궁 속에서 태어나
제 속에 다시 자궁을 키운다

밑구녕만 달구면 달뜬 몸이 부푸는
열기구에서 망가진 자궁들이
협곡이 되어 가는 모습을 본다

대지에 내려선 그는

석양의 반대쪽을 향해
성큼성큼 발길 내딛기 시작한다

무덤에서 일어나 다시 무덤을
뒤덮는 황사

지금 손차양 밑으로 한 사나이 가고 있다

* 터키 중앙의 고원지대에 화산과 비바람에 의해 응회암이 버섯이나 죽순 모양의 기암군으로 형성된 곳. 이 응회암층 곳곳에 굴을 뚫어 지금도 사람이 살고 있다. 카파도키아는 기원 전 6세기경 페르시아가 지배하던 왕국의 이름이기도 함.

서랍 속 말들

말은 갈기를 휘날릴 때 단연 빛이 난다
그대와 나 사이 산들바람 불고
구애의 눈짓 오갈 때 느닷없이 달려나와
그대 심장으로 돌진하는 말
반짝반짝 빛나며 비수같이 가 꽂힌다

내가 서랍을 닫고 돌아설 때
말의 눈엔 초원이 아른거린다
천고마비의 한때를 기다리며
말은 침묵으로 일관한다

저녁놀 지구의 한 모서리 불태우는 시간
초원에서 돌아오는 말 떼들
혀 밑에 군침 돌듯 포동포동 살찐
말들 바라본다

서랍 아래 수없이 구겨져 떨어지는

폐지같이 일상 속 나뒹구는 말들
여태 준마 한 마리 기르지 못한 세월
앞에, 구름같이 흘러가 버린 말들
백지 위에 하나하나 불러들인다
이 밤

허무의 요리사*

그녀는 아침마다 허무 한 덩어리를
도마 위에 얹고 싹둑싹둑 썰어 나간다
견고하던 허무가 연한 섬유질처럼
썰려 나가는 것이 무엇보다 신기하다
형체를 알 수 없던 허무가
정육면체 직육면체로 태어나는가 하면
삼각뿔이나 원기둥으로 일어서기도 한다
허무가 도마 위에서 각기 제 집을
지어가는 걸 바라보다 얼른
칼날을 주시한다
무엇이든 닥치는 대로 베어 버릴
기세등등한 예리한 날(刃)을 바라보다
그녀는 피식 웃고 만다
제 아무리 날을 세워도
내 손끝 없인 어림도 없지
여러 모양의 허무를 냄비 속에 쓸어 담고
몇 가지의 채소와 양념을 섞어 넣고

불을 당긴다
얼마 후 그녀는 쫄깃쫄깃한
주눅 든 모습의 허무를 맛보며
피식 웃을 것이다

* 박종인의 시 「우울증 요리사」란 제목에서 차용.

고흐의 해바라기

고흐가 밤새 왼손으로 풍차를 돌리고 있다
분침 같은 손가락으로 세월의 물살을 헤아릴 때
느닷없이 일진광풍이 인다
이젤 앞에 놓인 귀들이 일시에
공중을 날아오른다
그는 풍차 돌리던 손으로 귀들을
끌어내리기에 분주하다
태양은 저만치서 땅거죽을 뚫고
새싹처럼 솟아오른다
공중에 뜬 귀들이 일제히 그쪽으로
몰려간다
간신히 돌아온 귀 하나
나뭇가지에 걸려 바람이 불 때마다
이명을 쏟아 놓는다
지구가 도는 반대 방향으로
바람개비가 돌고
나는 시간을 거슬러 그와
눈을 마주친다

적막강산

어디서 개의 멱을 따고 있다

시냇물자락 펴놓고 박음질을 하고 있다

'함부로'를 길바닥에 깔다가 그만 둔다

닭장 속 홰를 모아다 아궁이에 군불을 지피고 있다

아까부터 벼랑 끝에서 적막이 산 하나를 밀어 올리는데
강물자락이 땀을 닦아주고 있다

불면증

수직의 시간을 갉아먹는 설치류들

시간마다 침대가 5도씩 기울어진다

새벽녘 벼랑에 간신히 붙어있는 앙상한 밤

손을 뻗어도 섬은 자꾸만 멀어져 가고

예단키 어렵다는 생각이 썰물 되어 돌아온다

뜬 눈 지새운 등대는 시력회복 중

조문행렬들 손에 들린 국화송이 시든다

천정엔 반딧불이 애벌레들이 은하계를 만들고

밤은 충혈된 눈으로 신경질이 되어 있다

코 고는 소리에 동굴 속으로 빨려들었던 내가
곧 우주 밖으로 튕겨날 것이다

표면에 대한 심층 연구

네 손이 나의 손아귀에서 스르르 빠져 나갈 때
흔히 표면장력이 작용한다 하겠지만
그건 감정의 이동을 말하는 거야

비 온 뒤의 바닥처럼 표면이 미끄러운 건
너의 눈빛이 닦아낸 공력 때문이지

솔바람 소리 가슴 찔리며 휘영청 밝은 달빛
주우러 나서는 것도
바닥에 깔린 사금파리가 유년의
전설을 풀어내기 때문

표면이 늘 위태위태한 비밀을 감추고 있는 건
호기심들의 장난 아니면
살얼음판을 걷는 현실 때문이지

다가올 때의 표정은 늘 울상이지만

떠난 후의 모습은 언제나
꽃으로 피어난다네

표면은 깎을수록 반들거리지만 항용
애초의 투박함에 정이 끌리곤 하지

강풍이 불면 표면은 일시에 쓸려가지만
해 뜬 후면 여기저기 젖무덤 같은
모래언덕을 만드는 거야

호수의 고요한 표면은 자주 잃은
내 모습을 찾아주지만
때론 일그러진 표정으로 나를
구만리나 밀어 낸다

갈증 차오를 때 우린
표면을 끌어당겨 마시지만

밀물처럼 밀려왔다 다시
처음으로 돌아간다

아서라
표면을 아는 건 수박 겉핥기지

바닥 없는 꽃병들

꽃병 하나를 거느리고 있다
꽃병 둘을 거느리고 있다
꽃병 셋을 거느리고 있다
각각의 꽃병에서 꽃대 둘씩 올라온다
여섯 개의 꽃대가 꽃병 둘씩 거느린다
열두 개의 꽃병에서 나비 세 마리씩 태어난다
서른여섯 마리의 나비들은 한결같이 근심에 젖어 있다
그들이 탄생한 꽃병의 바닥이 지금 내려앉고 있다는 것이다
내려앉고 있는 바닥에서 해일이 일고 있다
꽃병 밖으로 뾰쪼롬 고개 내밀고 있던 꽃대들이
바닥 아래로 기울어진다
갓 피어나기 시작하던 꽃들이 익사하기 시작한다
태연하게 앉은 꽃병들의 바닥이 없다
식당에 앉은 사람들이 허겁지겁 오늘을 먹고 있다
길 가는 사람들이 좌충우돌 뒤엉킨다
엄마 손잡고 가던 아이들이 일제히 치마 속으로 몸을 숨

긴다

수상쩍게 불어오던 강풍이 지붕들을 모두 날려 버린다
사람들 온통 비에 젖으며 안팎이 없다
해는 뜨자마자 천길 바다 속으로 가라앉고
바다는 먹었던 물고기들을 죄다 물 밖으로 토해낸다
바닥이 없는 꽃병들이 거리를 활보한다
낮 없는 밤의 어둠이 몹시 질기다

언어 리서치

플래시를 들고 첫 번째 말의 곳간을 연다
눈을 비비면서 반사적으로 일어나 앉는 언어들
얼굴마다 화색이 돌고 금방이라도 말을 걸어올 듯
입술을 달싹거린다
두 번째 곳간을 연다
여기저기 몸을 뒤척거리지만 앉기가 힘든 언어들이 있는가 하면
신음하는 언어들도 있다
세 번째 문을 열었다
아무런 기척이 없다
자세히 바닥을 들여다보니 사방에 앙상한
뼈들만 나뒹구는데 그 위로 을씨년스런 바람만 불고 있다
돌아 나오다 첫 번째 문을 다시 열었다
빤히 등불을 밝히고 옹기종기 모여 앉아
뭔가 골똘한 생각에 싸여 있는 언어들
밖으로 나오니 방금 무슨 공동묘지를 다녀온 느낌이었다
조금 전 첫 번째 곳간의 저 등불도 머잖아 꺼지겠지

그리곤 왕릉 속같이 천년의 어둠 속에 묻히고 말리라
언어는 너와 나의 생각을 물어 나르지만
그 자신 생명이 다할 땐 스스로
말의 감옥 속에 갇히고 마는 존재이다

달과 용수철

솔솔 김 피어오르는 찐빵집 앞의
저 허기진 행렬들

용수철은 밤중에도 마당에 나와
달을 향해 튕겨 오르는
연습에 열중이다

거리에서 찐빵을 사서
속을 뜯어 헤쳐 본다

짓눌려 있던 낱말들이
일시에 튕겨 오른다

거리가 갑자기 붐비는
말들로 부산하다
나는 호주머니에서 빗자루와 쓰레받기를 꺼내
바람에 날리는 말들을 쓸어 담는다

온통 이스트 냄새로 가득한 서가書架
새근새근 잠든 책들을 보면
자꾸 찐빵이 먹고 싶어진다

계란

전력투구로 맞선다

생명은 늘 이와 같다

DMZ엔 항상
펄펄 끓는 생명의 입자만이
웅성거리고

소리보단 빛이 먼저 와
만든 형체

시간은 여태 미동 않으나
날개를 다는 순간 화살 같다

창조의 수수께끼 함축한 채
섣부른 접근은 금물

여명 속 계명성은
한알*을 닮아 있다

지금 큰 바위 하나가
부화를 기다리는 중이다

* 한알 : 큰 알, 곧 하늘.

레일 위에 내리는 눈

눈송이 내려와 닿자 레일의
박피가 부르르 떤다

그럴 때마다
체온이 1도씩 하강하는
냉혈족 철의 심장을 떠올린다

시간이 시간을 밀고 가는 레일 위엔
연마된 시간이 거울처럼 투명한데

이따금 눈이 내려
제 살점 떼어놓고 사라지는
여긴
이슬 같은 눈물이
지나간 시간 뒤에
홀로 남아 반짝이네

먼 바다 위엔 질펀한
은빛 물비늘 같은
과거만이 회한 속에 몸부림치는

신기루 같은
손끝에 삼삼한 지난 시간들

바람의 속성

무대 위의 굿판 아랑곳없이
막 뒤에서 발톱 깎는 사나이같이
바람은 무풍지대에선 배꼽 아래
단전쯤에서 놀고 있다

여기선 공교육/사교육을 따지지 않는다
폭력/비폭력은 관심 밖이다
자유/부자유는 강 건너 불구경

한 세월이 순풍처럼 지나가며
태평성대를 구가한다

그러다 어느 날
송곳 하나가 창날같이 폐부를 쑤실 때
슬슬 밸이 틀리며 먹구름 떼가
배꼽 주위의 군도에서 들썩거리기 시작한다

튀니지에서 처음 일어난 바람으로
수천 년 전 피땀으로 이룩된
이집트 피라밋의 지반이 흔들린다
카이로가 순식간에 유혈 홍수로 뒤덮인다

바람은 더더욱 갈기를 치켜세워
용맹정진한다
리비아/이란/예멘/바레인/요르단/사우디로
북으로 러시아/동으로 베이징을
슬쩍슬쩍 집적이다가

지금은 45년의 독재
카다피와 한판 씨름 중이다

1980년 5월
대한민국의 광주에서 맹렬한 기세로
솟구치던 그 바람

검은 대륙의 머리빡을 통째 흔들다가
산유국 중동으로 불똥 튀듯 자리를 옮기면서
기름에 불붙듯 번져나고 있다

현실, 그리고 환상

환상의 그림자를 밟고 가지 마라
잠든 것은 영원하다

새벽은 소름처럼 다가와 멀어져 가고
바람은 척추 없이도 허공 속을 헤엄쳐 간다

모든 어둠의 뼈들은 소리들로 구성된다
초침소리 같은 토막 뼈가 있는가 하면
안개 속을 휘젓고 오는 뱃고동같이
고래 뼈를 닮은 것도 있다
이렇듯 어둠이 그 속에 뼈의 장치를 가짐은
어둠의 육질이 약한 탓이요
새벽이 오기 전 줄행랑을 쳐야 하기 때문이다

환상은 내가 잠든 사이에도
꼬박 뜬눈으로 지새운다
내가 외출을 시작하면 환상은

저만치 앞서 간다
내가 걸음을 멈추는 순간
환상은 뒤에서 멈칫거린다

나는 그에게로 다가가고
그는 나에게로 다가온다
그가 나를 읽는 사이 나는 그에게서 벗어나고
내가 그를 읽는 사이 그는 나에게서 벗어나 달아난다
읽고 읽히는 것들이 모두 그와 나의 두 뺨에 붙어 있다

날이 저물고 잠든 환상을 깨운다
내가 터벅터벅 환상 속으로 걸어들어 갈 때
나를 놓친 그를 본다

집중集中

집 나간 아이를 불러다 마당 가운데 세운다
일탈한 기억 하나를 의식 속에 밀어 넣는다
꽃에서 떠난 지 오랜 나비를
지금 여기로 불러 온다
점점 부풀어 오른 생각 풍선처럼 빵빵하다
섭씨 38도의 밀양 경주 영주
여름은 나체로 거리를 활보한다
조금만 더 조금만 더
나는 지금 건드리면 폭발한다
밥통에선 연신 피식피식 김을 쏟아낸다
안개 속에 가렸던 물체 하나가
조금씩 형체를 드러낸다
삼일 내내 앓던 아랫니의 진통이
멈추는 시간
시의 새 문법 하나가 탄생한다
쏜 화살이 과녁을 명중시키는
바로 그 순간

고유명사의 결혼

고유명사 둘이 만나 결혼을 하였다
일체의 의식은 생략되었으나 이 날 하객들은
의외로 붐비었다
때때옷 곱게 차려입은 형용사가 보이는가 하면
대머리에 모자를 얹은 관형사가 있고
별난 날이면 몸 둘 바를 몰라 하는 부사들과
시골풍과 도시풍 사이를 기웃거리는 접속사들
엄숙한 순간에도 참지 못해 간들거리는 동사들이 섞여 있었다

이 날 결혼은 이미 속도위반이어서 식장에 오기 전
감시카메라에 걸려 벌금형이 내려져 있었다
한 달 후 두 사람 사이에서 보통명사 하나가 태어났는데
한 칠이 지나자 작명가로로부터 고유명사가 붙여져
부모와 같은 반열에 놓이게 되었으나
문제는 보통명사들의 반란이었다

돌은 돌대로 나무는 나무대로 알몸 상태가 좋지 않으냐며
고유명사 집안을 향해 고래고래 고함을 지르며
삿대질을 해대고
바람은 바람대로 지붕을 들썩이며 소란을 피우는가 하면
아궁이에 지핀 불은 고래구녕으로 치달으며
구들을 뜨겁게 달구었다

이러는 참에 마을 앞을 지나던
산신령 같은 백발노인이 내뱉는 말씀
"色卽是空 空卽是色은 다 거짓말
色卽是色 空卽是空이로세."

2부

사하라는 피지 않는다

시간이 만든 모래언덕 위로
해가 뜨고 해가 지고
도시의 검은 유리창들이 물먹은 별을
받아낼 때까지
바람은 혼자서 키를 높인다
도심의 밀림 속으로 걸어가는
바오밥나무들
맥도날드는 연일 흥행기록을 세운다
사막의 분자가 모래인 시절은 지났다
날로 창궐하는 에이즈와 기아가
사하라의 실체다
손톱 끝마다 돋아나는 가시
증오가 길러내는 계절 없는 꽃들
증권시장의 전광판은 열사보다 뜨겁다
잘 가라 사하라
밤하늘 보석 같은 별들이
사막의 보료가 될 때까지는

고래의 꿈

간밤 내 누운 침대 위로 말향고래 한 마리
키 높이로 뛰어 저쪽 어둠 속으로 가뭇없이 사라졌다
일순 뿜어내던 오색무지개 허공 속에 폈다가 졌다
밤새 고래는 내 혈관 속 구석구석을 후비고 다녔다
그의 우람한 옆구리의 근육이 내 팔의 이두박근을
슬쩍슬쩍 건드리며 자맥질을 계속하는데
나는 새끼고래 마냥 그의 옆구리에 찰거머리처럼 붙어
어디론가 따라가고 있었다
드디어 대양의 거대한 동공이 열리는 지점에서
나는 그의 손을 놓치고 말았다
이제부터 삶은 나의 몫이었다
나의 서툰 몸짓이 물결을 헤쳐 나갈 때
어디선가 이따금 그의 울음소리가 환청처럼 들려왔다
내가 새벽꿈 속 몸부림치다
침대 밖으로 나가떨어지는 순간
먼발치서 말향고래가 다시 잠수하는 모습이
설핏 보이다 사라졌다

배꽃 밭에서

어머니, 배(腹)에 배꽃이 피었어요
배꼽으로 연결된 긴 대롱으로
태고의 바람 불어오고 있어요

난분분 난분분
배꽃 흩날리듯 어머니 말씀
아득한 저곳에서 한 잎 두 잎
대롱 타고 떠오고 있어요

이 순백의 꽃잎들
다 지면 어쩌지요

얘야, 염려 놓아라
말은 늙으면 둥글어지고
꽃잎은 바람에 쓸리어
다시 배꼽으로 모이거늘
저 꽃잎 다 진 후에

다시 오너라

그땐 자궁 밖을 기어나온
시퍼런 머리들
한 눈 가득 담아 돌아가리니

반석 위의 소나무

삶을 트집 잡아 함부로
바위에서 뛰어내리지 마라

수백 년 풍상 겪은 소나무 하나가
바위 속에 길을 내고 있다

지나치다 함부로 가위 내어
전지하려 들지 마라

너의 비뚤어진 눈이 누굴
재단하려느냐

파도

잘 드는 양태낫* 한 자루
생의 밑둥부터 잘라 나간다

이명처럼 왔다가 스러지는
삶의 잔해들

소유는 저처럼 한 순간에
무너지고 있다

생의 시원으로 돌아가자

눈 먼 세상
쉴 새 없이 달려와 휘갈기는
저 죽비소리

* 양태낫 : 양쪽을 함께 갈아 날을 세우는 얇고 가벼운 낫을 이르며, 벼를 벨 때 주로 씀.

튀밥

튀밥 한 알 입 안에 넣어 우물거린다
어느 순간
처음 폭발음을 안으로 삼키며
축소되는 쌀알 하나
내 몸이 한 알 쌀이었음을 깨닫자
눈앞에 열리는 광막한 벌판
그 벌판 하나 내 속으로 꾸역꾸역 들어와
몸 뉘는 시간 참 길다
임종 후 벌린 입으로
쌀 한 숟갈 받아먹던 아버지
허기는 바람처럼 불어오고
새벽 기침소린 시간 위에
부표처럼 떠다니는데
아직도 입 안에서 다 녹지 않은
튀밥 하나
과거 속으로 자꾸자꾸 밀어 넣는다

허리 굽은 밥

비굴을 비벼 먹는 밥
밥은 왜 비굴을 어머니로 하는가
시간의 밥상머리에 앉아
보름달보다 더 큰 저 밥 한 그릇
앞에 놓고 고개 숙이는 남자
비굴이 자신의 내장 깊숙한 데서
밥그릇을 들고 나오기까지
땀으로 얼룩진 손바닥 지도가 열두 장
길바닥에 나앉은 걸인의 일기장 열두 페이지
읽고 나오는 동안 밥그릇에 비 스미듯 스며든
눈치와 코치들 한 알 한 알 쌀낱에 스며들어
저같이 허리 굽은 밥

끝없는 방황

방황이 햇빛에 제 발부리를 드러내는 날
나는 지식의 강에 당도하였습니다
마침 강이 척추수술을 받은 후였지요
거기다 지식 보따리는 이미 다 털린 후였습니다

강이 만든 그림자들
그 맑던 눈빛
투명하던 혈관
낭랑하던 노랫소리
온데간데 없었습니다

지식의 강이 이렇게 되는 데
2년이 채 걸리지 않았습니다

방황은 제 발부릴 거둬 들이고
구름에 몸을 실었습니다
그리고 먼먼 허공을 떠돌았습니다

저 지식의 강이 옛모습을 회복하는 데
몇 만 년이 걸릴지 모릅니다

북 카페에서

난 최근 그에게 다녀온 일이 있지
책으로 둘러싸인 그는 견고한
갑匣 속에 앉아 있었지
왜 삶은 나이를 먹다가도 이따금
이렇게 적막한가
순간순간 앉은 의자 밑으로 덜컹거리며
지나가는 전동차
그건 적막한 삶을 흔들 만큼의
충격은 되지 못하지
침묵이 한참 동안 강물처럼 흘러간 후
나는 어설픈 손을 그에게 내밀며
악수를 청했다
그때 수많은 책의 갈피 속에서
뱀들이 일시에 허물을 벗고 기어 나왔다
내가 내민 손바닥에 기어올라
똬리를 트는 뱀들
그는 얼른 내 손을 뿌리치고

백일몽 속으로 잠적했다
내가 전동차에 올라 지그시 눈을 감는 사이
뱀들은 하나하나 까만 활자가 되어
원위치로 돌아가고 있었다

자살 혹은 타살

결단은 비수같이 날래다

나의 자살이 수많은 타살을 불러온다
자살공화국의 집 뒤에서 밥 짓는 연기 피어오른다
최후의 만찬이 될 테지
사랑이 어긋나며 쨍그랑 깨지는 소리
굶주림이 눈을 흘기다 어둠 속으로 사라진다
신뢰가 신발바닥처럼 해어져 물이 스며든다
접속 가능한 범위 안에서 불러 모은 익명들이
혈맹으로 모의하며 벼랑에서 최후를 맞는다
우후죽순같이 연일 보도되는 자살소식
보도는 자살과 함께 절명한다
하루를 숨 쉰다는 건 죽음이 내뱉는 침같이
치사하며 목마른 것
산다는 것 자체가 비 온 후 산마루를 기어오르다
넘어지고 마는 구름조각 같은 것

버스 정류소에서

방금 날 부려놓고 가는
버스를 멀건히 바라본다

오늘 찾았던 산사山寺엔
아직 내가 미적거리고 있는데
방금 차에서 내린 나는
누구인가

살아오면서 도처에
두고 온 나들
거기 엉겨 붙어 살고 있는데
여기 온 나는 누구인가

어젯밤엔 이집트 피라밋 앞을
지나고 있는 나를 보았다
패기 넘치는 오십 대의 나였다

나는 손을 흔들어 보였지만
그는 날 몰라보았다

어리석은 건 지금의 나다
나는 도처에 산재해 있는 나를
자꾸 한 곳으로 불러 모으려 한다

그들은 모두 제 의지대로 살고 있다
그럼 난 몇 개인가

문화재 밥

그젯밤 뱃속에서 목탁소리가 났다
그건 그 전날 절 하나를 들어 삼킨 탓

어젯밤엔 키가 삼천 척으로 자라
머리끝이 별의 발가락에 닿아 있었다
그건 전날 석탑 하나를 통째로 삼킨 탓

통도사 성보박물관에서 수월관음도를
보고 온 날 밤에는 매미날개 같은 옷을 입고
하늘을 나는 꿈을 꾸었다

나의 피와 살이 된 식탁 메뉴들 못지않은
전국 산야에 흩어져 있는 문화재 밥들
눈으로 먹는 영양가 높은 메뉴들

봄밤, 그 개구리 소리

봄밤은 엷을 대로 엷어져
쌀자루처럼 옆구리가 툭툭 터졌다
빠끔한 구멍마다 개구리가 쏟아져 나왔다
수백 수천 마리가 함께 울 때마다
세상이 조금씩 지구 밖으로 밀려 나갔다
내가 묵는 방의 무슨 낌새라도 챈 것인가
저 무논에 자갈처럼 쏟아 붓는
소리 듣고 있노라면
방에 누운 몸이 서서히 공중부양 되어
하늘 높이 떠오름을 느낀다
어느새 나는 천상의 별이 되고
개구리 소리는 손발에 물도 적시지 않은 채
나를 떠나가라 고래고래 고함만 질러댄다

시골 간이역에서

성긴 옷섶을 열어 순한 바람 불러들이는
시골 간이역 대합실에서 한 사나이
배낭 짊어진 채 긴 의자에 앉아 졸고 있다
길어진 잠의 길이가 지금껏 끌고 온
삶의 그림자보다 길다
밀어내었다 들이키는 들숨날숨이
앞산 하나를 단숨에 들이키고 토해낸다
어디서부터 저런 피로가 쌓여온 것일까
일상의 피로는 나무껍질처럼 자라
삶의 지층을 파고든다
이따금 움찔움찔 어깨를 추스르는 순간
그는 한없는 대해를 건너가는 것인가
오대양 육대주를 주름잡으며
그가 세운 배의 깃발은 창공 높이 나부낀다
현세의 순간이 꿈속에서 영원이 되는
어느 시골 간이역의 낮잠이여
인생 여정의 겹친 피로여

편서풍아 불어라

알약 몇 개 입에 털어 넣고
물을 마신다

편서풍아 불어라
무지무지 불어라

눈 뜬 물고기 눈동자 위로
그림자는 자꾸 지나가고

자지 않고 들썩이는
지구촌 사람들

눈비 내리는
후꾸시마 센다이
눈 맞을 어깨 하나 없는
폐허의 거리

편서풍아 자꾸 불어
근심을 날려 버려라
슬픔도 교양으로 반짝이는 나라
일본

인간이 인간이기 위한
최후의 사투
기아와 갈증과 방사능 앞에
긴 행렬로 밤을 지새운다

이 시대의 쓰나미

판과 판은 이음매가 사라져
하나로 붙기도 하고
좌충우돌로 혼란의 연속이다가
이판사판 극으로 치닫기도 한다

지금껏 나를 휩쓸고 간
쓰나미들

집을 비우는 사이
싱크대 가스밸브 근처에서
작은 해일이 인다

일상 속 이따금 흔들리는 미진
곧추 서려는 안간힘은
오래된 습관

놓쳐 버린 시간 속에는

지진의 불씨들 살아 있다

한번은 강진으로 나를
죽음 끝까지 몰고 갈 쓰나미

지금 가지 끝마다 밀려나온
새봄의 맹아들이
파랗게 질려 있다

이 시대의 순장殉葬
— 살처분 된 소 돼지의 최후

임금은 시간대마다 티비에 나와
안경 너머로
눈알을 뒤룩뒤룩 굴리고 있는데
왜 우리만 황천길이야

정든 집 떠나올 때
눈물바다 된 마을들
일제 때 강제노역으로 끌려가던
소 돼지 취급받던 조선인같이

오늘 이 땅에 살면서
단지 지은 죄라곤 인간을 위해
살신위인殺身爲人으로 살아온 나날뿐

외계인같이 하얀 방제복 차림의
사람들 트럭에서 우리를 끌어내려
파놓은 흙구덩이 속에

떠밀어 넣을 때
우린 이것이 왕을 받드는
순장이 아니란 걸 알았다

무덤 속 저승 가서 퍼낼
쌀독 하나 찬거리 담을
질그릇 하나 없는
칠흑 같은 밤만이 짚동 같은
아가리를 벌리고
우리에게 덤벼들 뿐

우린 한동안 피붙이들과 함께
필사적으로 몸부림치고 절규하다
숨을 거두었다네

역사는 이 일을 두고
현대판 순장이라 기록할 것이라네

난산難産

뻗어나간 덩굴손을 끌어당기며
큰애 앞에 잎사귀에 싸인 지난 시간을 꺼내 보였다
잎을 열자 화석처럼 엉겨붙은 시간이 똬리를 틀고 있다

느림보 속도 위에 촉진제가 주어지고
칠월의 염천 속 꼬박 이틀이 지나갔다
고추서 과장은 앉은뱅이 용만 써댔다
그가 내뱉는 최후의 말
산모의 경우 골반형태가 자연분만형이 아닙니다
이 기상천외의 진단이 제왕의 탄생을 예고했다
끝내 얻은 건 제왕도 사내도 아닌 딸이었다

설만 무성한 제왕절개帝王切開의 어원

딸은 지금 1남1녀의 엄마로
바쁜 생활 속 금맥을 찾고 있다

그 해 칠월은 타오르는 불꽃 속
수박씨가 날아다니었다
아마 아이 몸 속 용광로 하나는
이때 생겼으리라
90년대 초 군부는 사라졌으나
넘겨준 정권에 빚진 민정이 겨우 토양 속
잔뿌리를 내리고 있었다
딸애는 다니던 대학에서 자주대오自主隊伍*를 짓고
펄펄 끓는 쇳물을 지켜보고 있었다

지금 사십이 된 나이
녀석의 시국관은 변함이 없다

* 자주대오 : 당시 전국대학 중심의 민주화 운동을 하던 학생들에게 붙여진 용공 조작의 죄명.

동명이인 박정희*

한쪽은 군홧발로 사서史書의 행간 속으로
걸어 들어갔다
또 한쪽은 빗방울 젖은 풀잎 속에서
향기로운 얼굴을 떠올린다
전자는 자다가도 벌떡 일어나
총신을 어루만지며 안도의 숨을 쉰다
후자는 풀잎에 달린 물방울 속으로
여행을 떠난다
전자는 고가사다리를 올랐다가
내려오는 길을 잃는다
후자는 물봉선화 소금쟁이 풍뎅이들을 만나
즐거운 한나절을 보낸다

* 박정희 : 시인. 2010. 10월호『시문학』에「나를 본다」라는 시가 있음.

아리랑 변주곡

-아리랑

거칠게 산 하나 넘고
붉은 노을 허리 잘라 어깨에 울러멘다

-아리랑

반월은 서산마루에 걸쳐 있고
골짝골짝 신음소리 피울음 되어 흐르는데
갈가마귀 떼 반공중을 날며
골육상쟁을 연출한다

-아라리요

반백 년 만에 나타난 너의 얼굴
형체는 있어도 뻥 뚫린 가슴
퀭한 눈 속 아득히 저무는 파도

잘 가란 말없이 가 버린 시간들

-아리랑 고개를 넘어간다

어쩔 거나 어쩔 거나
파헤친 무덤 어쩔 거나
형해만 남은 몰골 부침의 세월
말하는구나

-나를 버리고 가시는 님은

단장의 슬픔 함박눈처럼 내려
눈앞을 가리는데
소매깃 잡아 무엇하랴

싸늘한 눈빛 이미 따스한 강
건넌 지 오래고

불러도 소리 없는 산맥들
저리도 빨리들 흘러가는데

-십리도 못 가서 발병난다

돌이킬 수 없는 세월
흥망 거듭한 왕조
잠든 무덤들 들쑤셔 무엇하리

강은 쉬임없이 흐르고
산맥들 굽이쳐 내달리는데
거리마다 굽이쳐 붐비는 발걸음들
반도는 지금 넘쳐나는 에너지로
충만하다

3부

저 허파에 기대어 휘파람을 날려 보낸다
— 우포늪에서

1.
늪이 차츰 지고 있다
상상력의 부활이다
옷깃 여민다
허공에서 달려온 쥐들
풍덩풍덩 물 속으로 뛰어내린다
쥐라기는 그렇게 서서히 폈다 오므라든다
몇 광년이 한 순간에 흘러갔는가
바람의 등도 하얗게 늙었구나
서글픈 우리네 일상 위로
별똥별 쏟아진다
웅성거림이 밤을 하얗게 밝히고 있다
살갗을 찢어발기며 연꽃은 피어나고
끝없이 심연을 물고 나오는
수염 달린 물고기들의 저 육중한
몸짓 몸짓들

2.

늪이 조금씩 피고 있다
일체의 죽음이 물 밖으로 입을 내밀고
하품을 시작한다
아침놀 자락이 물 속으로 잦아들며
별들이 귀소를 서두른다
해골들 바쁘게 물 밖으로 걸어나온다
밤새 사육한 늪의 시신들
무더기 무더기 꽃으로 피고 있다
늪은 수억 년의 모습 그대로
침묵으로 다가와 밝은 빛 아래
해맑은 미소 지어 보인다

3.

바람이 분다
투명한 의식 위에 떠밀려 가는 구름 떼들
천상과 지상에 피고 지는 것들

늪은 순간순간 표면에 비추다가
이내 감춘다
목마른 사람들 깊은 잠 털고 나와
이른 새벽부터 둑길을 가고 있다
휑한 가슴 속 빠져 나가는 바람소리만
윙윙거릴 뿐
포복하듯 낮은 자세로 엎드려 늪의
숨소릴 듣는다

아직은 튼튼한 저 허파에 기대어
휘파람을 날려 보낼까 보다

강문江門*에 와서

테트라포드로 굳게 바리케이트 친
강문 가까이 와서
지금껏 가슴 밑바닥에서 졸아지다 남은
눈물 몇 방울 떨어뜨려야 했다

긴 세월 잡고 온 그의 손을
놓는 순간
바람처럼 나를 빠져나가는
그의 뒷모습 바라보며
너무 늦은 당도를 후회했다

요람에서 첫눈 맞춘 이후
넌 홀로 바람 속을 가면서도
자주 갈대처럼 부대끼는 소릴 내었다

오늘 강문에서 널 떠나보내는
이 시간

저녁놀은 나의 속가슴 보여주듯
저리도 붉게 타는가

밀물 오기 전까지
강문은 잠시 문을 닫는다
그저 잠시일 뿐

언젠가 돌아올 그를 위하여
어머니 강문은 늘
문을 열고 귀를 기울인다

* 강문 : 경포호가 바다로 흘러드는 지점을 이곳 사람들은 '강문'이라 부른다.

천마도

— 천마총에서

두 손 받들어 새를 날려 보내듯
말 한 마리 날려 보낸다
왕은 돌집 속에서 가는 그를 보며 울었다
이루지 못한 꿈이 열리는 날
난 이제 자유의 화신
견고했던 말의 울타리를 차고 나와
창공 높이 지금껏 숨겨온
날개를 편다는 건 정말 황홀해
일상의 숲은 늘 음울했고
햇빛 한 오라기 들지 않았지
가는 곳마다 무성한 귀들 살고 있었지만
내가 내뱉는 말 외면들 했지
벽은 차디찬 곳이었으나
끝내 날 밀어내진 않았어
천년이 지난 지금도
난 그대 손을 떠날 때의 그 감동 그대로
유유히 하늘을 날고 있어

촛불

우주 하나가 임종을 맞고 있다
방금 얼굴 하나 다 타고
가슴이 타고 있다
웃음과 눈물이 타고
산이 데리고 온 그림자와
여인네의 수다가 타고 있다
바람 한 점 없어도
시원의 하얀 뼈가 또렷하다
누군들 돌아가지 않으리
꿈은 한동안 피었다가 지는
꽃송이 같은 것
지금 내 손을 놓아 다오
결별은 늘 빛과 어둠 속에서
뜨거운 눈물만큼 넘치다
스스로 낙하하는 것
뜨거웠던 만큼 식어가는
손끝에 삼삼한 너의 체온
어이 하리

문경새재

새 한 마리 공중 높이 차고 오르며
똥 몇 번 갈기고야 새재에 닿는다
헐떡거리는 것이 어찌 새뿐이랴
지금 눈앞의 시간도
눈시울 적시는 눈물 찔끔거려야
옛 시간에 당도하듯
문경새재는 영남에서 충청도로 건너가는
눈물겨운 고갯길이다
해질녘 긴 그림자는 영남으로 뻗어 있고
나의 야망은 저 북녘 한양으로
불타오르는데
떠나간 뒤의 남은 이야기들은 낙엽처럼
고갯길에 뒹굴고 있다

척판암擲板菴*

방금 저 시명산이 떠받친 짙푸른 하늘 속
원효의 장삼자락이 일순간 어른거렸다
신라 천년이 찰나 속에 얼비치며
널빤지 하나를 내 손바닥에 놓고 갔다
고개 들어 사방을 둘러본다
분명 왔다 간 사람 있는 듯한데
새소리만 제 흥에 겨워 자지러질 뿐
오월 녹음은 적막 속 골바람에 허리가 휜다
손바닥 위 널빤지는 이미 간 곳 없고
원효의 신통력만이 태양처럼
온누리를 비추고 있다

* 척판암 : 신라 시대 고승 원효대사가 장안사 척판암에 들러 멀리 경주 불국사를 바라보니 대웅전 법당 안에 많은 승려들이 예불을 보고 있는데, 마침 노후된 절이 무너질 찰나에 있어 널빤지 하나를 날려보내 절 마당의 공중에 떠 있게 하자 승려들이 하나 둘씩 나와 널빤지를 쳐다 보고 있을 때 절이 무너져 승려들의 목숨을 구했다는 전설이 있는 암자임.

할매뼈다귀집*

나의 잡식성이 문제지

돼지 뼈다귀를 발라먹는데
갈비뼈 너머로 급히
할매가 사라진다
할매는 필사적으로 달아나고
나는 뒤를 쫒는다
혀끝이 들이미는 구석구석
할매는 요리조리 피해 앉는다
끝도 없는 숨바꼭질
바다가 찰랑찰랑 엎드린 채
멀건이 쳐다본다
퇴근 시간
넘쳐나는 골목의 인파
하나 둘 할매의 골수를 파고든다
끝없는 혀의 놀림과 저작詛嚼 활동
저 한량없는 허기에게 젖을 물리고 있는

천연덕스런 할매

* 동래온천 1동에 있는 음식점 이름.

창窓이 투명한 이유

창은 감정의 가장 낮은음자리표에서
가슴을 연다
물고기의 서식지에 눈이 머물다가도
수평선까지 시선을 끌어올리는 일은
순식간이다

떠나가기도 하고
돌아오기도 하는 건
창의 열린 마음속에 놓인 일상사지만
깜깜한 밤
닫힌 창이 내미는 차가운 손을
문득 잡았을 때의 전율은
가슴 속 가장 낮은음자리표에서
반음씩 치솟다가 끝내
울음이 되기도 한다

창밖으로 쉴 새 없이 흘러가는 바람

이따금 시간이 여울지는 소리
듣고 있노라면
세세연년 창이 늙지 않고
투명한 얼굴을 한 이유를 알 것도 같다

빛나는 그늘

구불텅구불텅 오던 길이
뚝 멈춰 서자
밭떼기만한 그늘이
하나 생겼다

생전에 무시로 드나들던 그늘
오늘은 스르륵 그를 놓아주며
몰고 온 소의 고삐를 놓듯
혼자 떨어져 나와 몸을 말린다

사람들이 지나가며
툭툭 내뱉는 말들 속
그의 생애가 고스란히 부풀어 오른다

그늘의 땅심은 반들거리는
잎잎에서 읽을 수 있다

생전 그와 함께 무릎 구부리며
땀 흘리던 시간도
오늘은 저 반짝이는 그늘 속에서
쉬고 있다

기찻길 아래 재실齋室 하나

기찻길 아래 재실 하나
가을볕이 놀러와 마루끝에서
혼자 미끄럼을 타고 있다

조상의 무딘 손이 안에서 나와
볕의 야윈 어깨를 토닥여주고 있는데
마당가에 선 대추나무의 여문 알들이
빤히 내려다보고 있다

밤이면 우렁우렁 소리 내는 재실
청음淸音으로 듣는 저 소리
바람소리였다가 금세 풀벌레소리로 바뀌는

이승에선 해독 안 되는
그냥 바람같이 벌레같이
살다 가란 말인가

바위 곁에서

산을 오르다 말고 바위 곁에 다가앉아 귀 기울인다
비바람 들이치다 우레소리 가물가물 사라진다
새 소리의 화석들 손에 잡힐 듯 말 듯

바위 같은 사내 하나 잠시 집을 비우고
마실 나간 듯

안에선 천 년을 제 몸 기름 짜는
이무기 우는 소리 이따금 들려온다

눈앞에 언뜻 흰 도포자락 펄럭이더니
쾅 문을 닫고 바위 속으로 들어가는 사내
산이 사내를 끌어안듯 바위를 끌어안는다

때마침 숲에서 매미 한 놈 열창이다
소리 따라 천 년 바위 곳곳에 균열이 인다
그 틈새로 화석의 새들 얼씨구나
창공 높이 날아오른다

일몰과 몰입

저녁 해가 서산으로
1초에 한 뼘씩 다가가느라
몰입 중이다

머리가 쩔쩔 끓는다
등허리에 땀이 흥건하다
몰입의 입이 저렇게
피 칠갑일 줄이야

서산이 잔뜩 팔을 벌리고
다가오는 해를 받아 안을 참이다

산에 안긴 해가
1초에 한 치씩 키를 낮춘다

꼴깍 넘어가는 해

일몰은 자신을 불태우는
몰입 아니곤 불가능하다

아내의 노동

아내가 다림질을 하고 있다
집중과 몰입이 한 세계를 열고 있다

와이셔츠의 등줄기를 다리고
이내 목덜미를 다린다
바라보는 나의 등줄기와 목덜미가
이내 뜨뜻해 온다
찌그러졌던 셔츠가 환하게 웃으며
바로 선다
아내 손길이 얼룩진 나를 어루만져
바로 일으켜 세우는 착각에 빠진다

그는 날마다 넘어지고 뒤틀린
세간 하나하나를 다림질한다
노동의 손길이 마치
천사의 손길 같다

풍경

— 고양이와 솔방울

바깥에선 아까부터 비가 내리고 있다
방에선 고양이가 어디서 물고 왔는지
솔방울 하나를 가지고
다부작 다부작 굴리며 놀고 있다
나는 빗소리를 듣지 못하고
방 안 풍경에만 몰두한다
창틀이 바람소리로 덜컹거리자
고양이는 하던 동작을 잠시 멈추고
두어 번 귀를 쫑긋거린다
그때 고양이가 듣는 나의 숨소리
비밀을 들켜 버린 나는 갈팡질팡이다
고양이는 조금 전까지의 장난을 그만 두고
턱을 납작 바닥에 붙이고 잠을 청한다

남의 평화를 깨 버린 내가
마냥 원망스럽다

첨탑에 걸린 눈동자

사원의 첨탑 위에
커다란 동공 하나 걸려 있다
환히 열린 그 속으로
순수와 사랑이 함께 손잡고 들어선다

훤칠한 키에 캐주얼 차림으로
마냥 종루를 올려다보고 선 그는
스스로 키의 한계를 느끼며
자신의 동공만 올려 보낸다

이따금 인파가 바람처럼 스쳐 가지만
인도에 선 그는 차라리
사원을 떠받치는 기둥으로 남고 싶다

석양녘 사원의 종은 울리고
비둘기들 보금자리 찾아
어지러이 흩날리는데

첨탑 위에 걸린 동공 하나
보름달처럼 환해지더니
지상에 선 사나이가 서서히 들어 올려져
그 속으로 스미듯 사라진다

가을 단상

가을이 내면 깊숙이
추錘를 내리고 있다

거리엔 재보선으로
말의 낙엽들 뒹구는데

추의 바닥이 닿는 곳은
밤새 여우가 아홉 번 울다
쓰러진 곳

허기진 낙서들 움막 지으며
순한 바람들 불러들인다

가을볕이 여린 발가락 옹그리며
귀소를 서두르는 시간

새끼 직박구리들의 까만 눈들이

불꽃처럼 타오르는데

가을이 제 가슴 한가운데
그만 불을 지른다

시간 속 시간

시간이 또 하나의
시간을 피워 올린다

누런 떡잎 지천으로 깔린
묵은 시간 비집고
새 시간 하나 철심같이
우뚝 일어선다

더러는 환희로
한가슴 가득 받아들이고
한편에선 희망으로 붙잡으려
손을 뻗는다

새 시간 하나 어둠을 밟고
백팔 계단을 올라
둥두렷이 한 송이 꽃으로 피는
찰나

막힌 혈관 절로 열리며
들숨 흘러가는 소리 싱그럽다
최초의 시간은 늘 이렇게
설레는 전율이며
뼈마디 끝마다 뻗어가는
조바심이었다

지금 막 누운 나를 밟고
한 아이가 타 넘고 있다

겨울산

산이 절벽 되어
앞을 가로막는다

지난 날
세월이 주는 낙차에서
몇 개의 절벽 만든 일 있다

그 절벽 너머에
가슴 연 벌판과
그 벌판 가로지르는
푼푼한 강이 흐르련만

오늘 절망처럼 우뚝 서서
나를 다그치는 하얀 빙벽
위로
소리개 한 마리
아스라이 높이 떠

무언의 암시를 던져준다

산을 넘을까 말까는
그 다음의 일이다

눈물의 원천

눈물은 고향 미루나무 우듬지쯤에서 속을 끓이다
가마솥에 슬그머니 쌀을 안친다

홀로 나무 밑에 앉아 먼 수평선 바라보며
옷깃 스쳐 떠난 사람 스멀스멀 되살아날 때
솥뚜껑 들썩이며 피이피이 김 뿜어내며
솥전에 눈물 흘리듯 눈시울 적시는 것

눈물이 눈물샘에 엎드려 흘러가는 구름이나 끌어내려
말동무 하자고 한 적 있던가
그저 묵묵히 원유처럼 캄캄한 지층 속에 엎드려 있다가
지나가는 미풍처럼 누가 등을 슬며시 밀면
부스스 일어나 적출되는 소립자의 물방울

햇살 머금은 꽃잎에 앉은 이슬방울같이
선한 바람이 마음 울렁거려 파문이 일 때
맨 먼저 매운 청무우 베어 먹은 듯 코끝 찡하며

찬물 사발을 슬몃슬몃 흘러넘치는 눈물

속은 씻은 듯 하얗고 마음속 미동도 없는
바라만 보아도 명경알같이 밝아지는
끝없이 뽀얀 오솔길이 열린다

4부

고양이 A

캔트지에 밑그림을 그렸다
연필자국 따라 보풀보풀 털이 일어선다
손을 스치면 까칠까칠 보리 까끄라기같이
손바닥을 콕콕 찌른다
형형한 동공으로 달려 들어가는 바람
미처 꼬리를 잡지 못했다
발바닥에 묻은 죄를 핥고 또 핥는다
모두 잠든 밤
천 년을 참은 울음이
저 땅 속 깊은 데서 들려온다

고양이 B

시신 흔들어 깨우지 마라

가사상태만이 나의 본질이 숨는 길이다

일찍이 노자가 내 낙법을 배워 갔다

삼일 굶지 않아도 월담은 생계유지의 기본

사랑만은 비굴하게 숨기지 말자

야밤 중 우리의 교성을 또 누가 베끼고 있을라

고양이 C

먼 허공을 돌아왔다
‘냉큼’이란 말에 대해선
여태 묵묵부답이다
응시야말로 본능이 불러오는
비늘 돋는 전율이다
가자
지금은 무장해제의 시간
휴식의 충전만이
과녁을 명중시키는
1급 사수의 숙련된 훈련이다

입춘절 1

겨울이 비상구를 통해 지하계단을 내려간다 잉걸불 가슴에 안은 다리미는 골바람 자락 끌어다 다림질해 댄다 세상의 기슭은 늘 그렇듯 파도치고 야구장에선 초록소리가 죽순처럼 치솟아 허공의 옆구릴 찔러댄다 여인네들의 수다엔 물이 오르고 반신을 끌고 가는 파킨슨 씨를 따라 지구가 한 뼘씩 동쪽으로 옮겨 간다 겨울잠 자고 있던 시간의 긴 터널 속 농밀한 저 비의秘義를 누가 꺼낼 것인가 우리가 야성의 서부를 돌아오는 동안 폐가에 걸린 벽시계의 시침은 겨우 두 걸음을 옮기는 중 도시의 골목마다 문을 열고 나서는 늙은 연륜들의 머리에선 잔설이 봄볕에 몸의 최후를 내맡기고 있다 지금은 절간 추녀 끝에 매달린 물고기들의 귀향행렬 뒤로 아련히 남아 있는 바람이 제조해 낸 금속성의 향그러운 소리의 전설마저 지구의 외진 길모퉁이를 돌아서는 시간

입춘절 2

온갖 근육들이 긴장하는 시간
대웅전 배흘림기둥 틈으로 행군하는 개미 떼들이
일제히 발걸음을 멈춘다
이동하는 철새들의 무리에서 이탈된 새의 비칠걸음
문선공이 바닥에 떨어진 활자 하나를 급히 주워 올린다
활자가 물어 나르는 갈매기 울음소리
뱃고동 소리마다 초록 물기가 배어있다
간밤 바닥을 친 삶이 부둣가에서 기지개를 켜는 아침
수면에 비친 얼굴 어제 얼굴이 아니다
다리를 따라 땅 속으로 내려간 사람의 뿌리눈이
응시하는 시야가 점차 넓어진다
옆구리의 깊어가는 허기를 허공이 밀고 오는 바람에
휘청하며 몸이 대각선으로 기우는데
풍선들이 일제히 날아오르며 항구의
풍경 하나를 만든다
물결 따라 설레발치던 배들
부우 부우 뱃고동을 날린다

개밥바라기별 1

내가 던진 개 밥사발 하나
덩그렇게 허공중에 매달린다
저녁 굶은 별 하나
슬금슬금 밥사발 근처로 다가선다
그때 대문을 드르륵 긁으며
발광하듯 으르릉대는 개 한 마리
먹다 남은 밥 두고
총총걸음으로 돌아가는 별
으르릉대는 개
적요 속에 깊이 빠진다

개밥이나 바라기하라고
누군가 붙여논 이름
개밥바라기별
며느리밑씻개 아기똥풀 노루오줌풀
다 좋으나
저 신성한 별에다 겁 없이 붙여논 이름

별볼일 체면 말이 아니다

별 하나 나 하나
별 둘 나 둘
하고 따라가다 보면
그 깊던 눈물샘 깡그리 마르고 말지

개밥바라기별 2

개 한 마리 허공 속을 내달리다
돌에 걸려 넘어진다
소말리아 아이들 손이 일제히
허공을 향해 선인장처럼 뻗는다
나는 눈시울 적신 눈으로
개와 아이들을 번갈아 바라본다
대숲 에워싼 골목집 앞에서 한 사나이
불룩한 배를 쓸어내리고 있다
허공 어디에서 자지러질 듯한
개의 비명소리 들려온다
그동안 나는 몇 차례
수염을 쓰다듬으며 개의 고통을
수첩에다 빠짐없이 적어 넣는다
가까이 있는 별들이 나의 여윈 어깨를
토닥여준다
일진광풍이 지나가고 별들은
서로의 얼굴을 확인한다

까마득한 저 절벽의 허리쯤에서
주린 개의 신음이 들려온다
개밥그릇 하나 허공중에
둥근달로 걸린다
나는 눈이 부셔 지상으로 얼른 뛰어내려
숲속에 몸을 숨긴다
언젠가 개밥바라기별이라 명명한
그를 찾아가리라

반가사유상 1

쓰나미처럼 밀려오던 잠도
그를 에둘러 지나가고
물소리 바람소리조차 적막의 깊은
혈관 속으로 빨려 들어간다

만상이 허겁지겁 보따리를 싸는 동안
그의 맨발 하나가 얼음강을 건너왔다

한때 사람 속에서 키워온 잉걸불이
여태 감정의 쇠화로를 달구고 있지만
적막의 아가리가 그 모든 걸
게걸스레 먹어치우리라

고뇌가 청동의 녹처럼
온통 얼굴을 뒤덮다가도
닦은 놋그릇처럼 반짝이는
명절을 만날 것이다

사유여
사유여
너의 시퍼런 저 못은
깊이가 얼마인가

반가사유상 2

기러기 떼 허공을 날아간다

단지 바람의 저항이 있을 뿐
항적航跡을 지우는 일만이
뒤쫓는 무리에게 길을 내어주는

서산대사의 길*은 대숲으로 접어들고

길은 없는데
길은 있고

나귀 타고 오는 귀인
사방을 둘러보다 그에게 다가선다

길을 묻자 지나가는 구름을 가리킨다

왔던 길 사라지고

구름 속을 가고 있는 귀인

기러기가 귀인의 길을 비켜간다

허공 속 흔적 없는 길을 가고 있는
저 기러기

* 서산대사의 〈踏雪野中…〉으로 시작 되는 시 중 〈今日我行跡遂作後人程〉의 길을 말함.

반가사유상 3

비가 오지 않고 오늘은 종일 눈이 온다
산중의 도道가 길을 가다 다리 위에서
머뭇거린다
아무렴 아무렴
댓잎들이 일제히 유리구슬을 굴린다
귓전으로 흐르는 개울물이 불끈불끈
어깨 근육을 드러내 보인다

긴 세월 줄창 따라오던 그림자가 슬그머니 꼬릴 내린다
여태 소는 아니 오고 그는 고삐만 쥐고 왔다
내가 먹이던 소 지금 어디 있는가

비는 오지 않고 종일 바람만 불어댄다
가던 도道 돌아서 온다
접시에도 앉지 못하던 것이 어느새 싹을 틔워
호롱불 심지만큼 자랐다

하늘이 내려앉는 자리마다 비단폭 깔리며
그 위에 섬광이 부챗살처럼 내린다
턱 괸 손 내리고 그가 바로 앉는다
감은 듯 뜬 눈으로 빛이 썰물처럼 밀려든다

반가사유상 4

석양녘 기러기 두 마리 무한천공 날아
어디론지 가고 있다
얼마 전 세상 뜬 그도
저 무한천공 날고 있는가

살아가다 삶의 끝 안 보일 때
그와 헤어져 돌아오다
공원 벤치에 홀로 앉는다

그때 얼굴 뒤에 가렸던
그가 언뜻 보인다

세상엔 숨은 얼굴이 많다
일에 몰입할 때 보이지 않던 내가
일에서 빠져 나올 때
문득 나를 찾아온다

청동빛 켜켜이 쌓인 시간 속
천년의 묵상에 잠긴
반가사유상 바라보며
내 뒤에 숨어 있던
나를 본다

반가사유상 5

그대 맘속 감성의 잔물결이 흐르다
뚝 그친다

이성의 번쩍이는 칼날이
허공을 몇 번 베고서야
사유의 중앙에 떡 버티고 앉는다

나의 참회가 이어지는 동안
그의 입가에 엷은 미소가 번져간다

순간
고뇌가 다시 엄습하는
일그러진 그의 얼굴빛

가고 오는 것보다
오고 가는 것이
업보로 세차게 불타오른다

가부좌 밑으론 함몰된
시간의 뼈들 삐걱거리는 소리

이때 그의 가녀린 몸매에서
무수히 나비 떼가 날아오른다

불어오는 바람이
고뇌 하나를 쓸어가지만
나를 찾는 묵상은
오늘도 끝이 없다

반가사유상 6

길이 없으니 길을 찾는다
수만 사람 오고갔으나
가지 않은 길 하나

연무 속 산봉우리처럼
잠시 보였다 사라지는
길 찾아 땅 속 깊숙이
발을 내린다

등골을 타고내리는
시린 바람 한 줄기
여린 살갗 꿰뚫어도
입가에 연민처럼 피어나는
저 미소
반쯤 뜬 눈으로
만상 헤아리는
형형한 저 눈빛

바람 저만치 물러나 앉고
달빛 교교한 저녁 그는
가부좌한 발 내려
마침내 뜰을 거닌다

반가사유상 7

코끝 스쳐가는 저 암향은
어디서 오는 것인가
풍경마저 잠이 든 한밤
천상에서 쏟아지는 별빛
찌릿찌릿 골수를 채워 온다

사유의 끝은 어디인가
허기로 가득 찬 저 광막한
허공을 넘어서야
또 하나의 지평이 열릴 것인가

방금 불다 사라져 간 바람은
지평선 끝에서 몸을 말린다

다시 어둠이 어깨를 덮어온다
하늘과 땅이 축 하나에
날선 심장을 꿰며 가쁜 호흡으로

주문을 왼다

나의 염원이 저 부동의
동판 하나를 뚫지 못하면
내 스스로 용광로 속에
몸을 던져 고형의 실체를 없애리라

반가사유상 8

절대 앞에 마주 앉는다
암벽같이 견고하리라 여긴 것이
오늘은 공기같이 부드럽고
말랑말랑하게 다가선다
눈에 밟히던 모든 것
귀문을 열고 들어오던 모든 것들이
한동안 부글부글 끓고 뒤엉키더니
빛 한 줄기 폭포수같이 철철 흘러내린다
가쁜 호흡 천천히 내려놓으며
닫았던 문을 활짝 열어놓는다
감은 눈자위를 밟고 일어서는
빛기둥
앉았던 자리에
온기 가득 서려 있다

반가사유상 9

사유의 심연 파내려 간다

막장 가까운 곳
여기저기 인광이 날고
녹슨 연장들만 나뒹구는
칠흑의 바닥

물소리 한 가닥 흘러
길을 안내한다

눈앞 절망처럼 다가서는
저 암반
나의 의지가 용암처럼 불탈 때
쪼개지는 바위틈에서
빛 한 줄기 이마받이 하리

그 순간 맞으려
오늘도 가부좌 풀지 않는다

해설

나를 버리는 언어들

황정산 시인 • 문학평론가

나를 버리는 언어들

황정산 시인 • 문학평론가

다시 인문학을 부활시키자는 목소리가 커지고 있다. 그것은 우리가 너무 오랫동안 '왜?'라는 질문을 잊고 살았기 때문이다. 자본주의가 만들어 놓은 풍성한 온갖 상품들과 그것으로 마음껏 채울 수 있을 것 같은 욕망이 '왜?'라는 질문을 대신해왔다. 이러한 사회에서 우리는 왜라는 질문 없이 태어나고 공부하고 또 사회에 입문한다. 왜 사는지 모를 물건을 사고 왜 만나야 하는지 모를 사람을 만나고, 왜 그래야 하는지 모른 채 돈을 벌고 재산을 모은다. 나의 욕망은 누군가의 욕망의 대리물이거나 모사일 뿐이다. 이 가짜 욕망이 상품을 만들고 상품을 소비하고 스스로를 상품이 되게 한다. 이렇게 '왜?'라는 질문을 잃을 때 우리는 우리의 삶의 의미와 좌표를 동시에 잃게 된다. 최근 인문학을 다시 돌아보자고하는 주장이 많아지고 있는 것은 바로 이런 이유 때문이리라.

시를 쓰는 것도 바로 이 '왜?'를 찾아가는 길이다.

잠깐 동안 환하던 세상
지워진 건 현상적 기억만이 아니다
날랜 그들의 식성
무리를 규율하던 질서
숭상되던 노동의 가치
모두가 떠받들던 순결성
함께 소실점 너머로
사라져 갔다

…(중략)

그들이 지은 백옥의 궁전
발굴의 목록 어디에도 찾을 길 없는
그저 전설처럼 떠도는
—「전설처럼 떠도는 궁전」 부분

시인은 흰개미집에서 우리의 현실을 본다. 개미집 같은 한 세상을 만든 것은 '날랜 그들의 식성'인 바로 욕망이다. 그 욕망을 위해 그 집의 주인인 개미들은 규율이라는 질서를 만들고 노동의 가치라는 신념을 만들어낸다. 하지만 그 모두는 전설처럼 떠돌 뿐 실체를 찾을 수 없는 허망한 것이다. 우리의 삶도 이와 다르지 않으리라는 것이 시인의 생각이다. 일상의 삶을 규율과 노동으로 묶는다. 우리는 마치 개미처럼 허기진 식욕을 채우기 위해 기꺼이 그 규율 속에 우리를 구속한다. 그리고 거대한 '백옥의 궁전'이라는 우리 시대의 물질문명을 만들어 내고 있다. 하지만 그것은 '발굴목록' 어디에도 없다. 진정한 가치나 의미를 남기지 않고 사라지는 것이기 때문이다.

이런 삶이 우리 앞에 가로 놓여 있다고 생각할 때 세상은 온통 사막으로 인식된다.

시간이 만든 모래언덕 위로
해가 뜨고 해가 지고
도시의 검은 유리창들이 물먹은 별을
받아낼 때까지
바람은 혼자서 키를 높인다
도심의 밀림 속으로 걸어가는
바오밥나무들
맥도날드는 연일 흥행기록을 세운다
사막의 분자가 모래인 시절은 지났다
날로 창궐하는 에이즈와 기아가
사하라의 실체다
손톱 끝마다 돋아나는 가시

증오가 길러내는 계절 없는 꽃들
증권시장의 전광판은 열사보다 뜨겁다
잘 가라 사하라
밤하늘 보석 같은 별들이
사막의 보료가 될 때까지는
—「사하라는 피지 않는다」 전문

우리가 사는 이 찬란한 물질문명이 '시간이 만든 모래언덕'일 뿐이라는 것이다. 거기에서 세상을 지배하고 있는 것은 '맥도날드' 같은 싸구려 욕망이다. 그 욕망으로 우리는 '증권시장의 전광판'으로 대표되는 자본주의의 꽃을 피운다. 하지만 그것은 '증오가 길러내는' 꽃이고 거기에는 '에이즈와 기아' 같은 파멸의 징후들만이 가득하다는 것이다.

시인은 그 지점에서 바로 고흐를 생각한다.

고흐가 밤새 왼손으로 풍차를 돌리고 있다
분침 같은 손가락으로 세월의 물살을 헤아릴 때
느닷없이 일진광풍이 인다
이젤 앞에 놓인 귀들이 일시에
공중을 날아오른다
그는 풍차 돌리던 손으로 귀들을
끌어내리기에 분주하다
태양은 저만치서 땅거죽을 뚫고

새싹처럼 솟아오른다
공중에 뜬 귀들이 일제히 그쪽으로
몰려간다
간신히 돌아온 귀 하나
나뭇가지에 걸려 바람이 불 때마다
이명을 쏟아 놓는다
지구가 도는 반대 방향으로
바람개비가 돌고
나는 시간을 거슬러 그와
눈을 마주친다
—「고흐의 해바라기」 전문

시간을 되돌려 만나는 고흐가 풍차를 돌리고 있다. 풍차를 돌리고 있다는 것은 고흐마저 생산과 노동의 굴레에서 벗어날 수 없음을 말한다. 그래서 손가락마저 시계의 분침이 된다. 우리가 사는 삶은 시간에 의해 모두 지배되기 때문이다. 이 시간에 의해 지배되는 삶에서는 잘린 고흐의 귀들은 중요한 것이 아니다. 그래서 풍차를 돌리는 손은 그것을 끌어낼 수밖에 없다. '잘린 귀'로 표현된 고흐의 예술혼 같은 것은 끌어내려 없애야 할 불량함이나 광기일 뿐이기 때문이리라.

이해웅 시인이 다시 찾고 싶은 것은 이 빼앗기고 사라져 버린 예술혼이다. 그것이 사막 같은 세상에서 진정한 나를 찾는 길이기 때문이다. 그 꿈을 시인은 다음과 같이 표현하고 있다.

간밤 내 누운 침대 위로 말향고래 한 마리
키 높이로 뛰어 저쪽 어둠 속으로 가뭇없이 사라졌다
일순 뿜어내던 오색무지개 허공 속에 폈다가 졌다
밤새 고래는 내 혈관 속 구석구석을 후비고 다녔다
그의 우람한 옆구리의 근육이 내 팔의 이두박근을
슬쩍슬쩍 건드리며 자맥질을 계속하는데
나는 새끼고래 마냥 그의 옆구리에 찰거머리처럼 붙어
어디론가 따라가고 있었다
드디어 대양의 거대한 동공이 열리는 지점에서
나는 그의 손을 놓치고 말았다
이제부터 삶은 나의 몫이었다
나의 서툰 몸짓이 물결을 헤쳐 나갈 때
어디선가 이따금 그의 울음소리가 환청처럼 들려왔다
내가 새벽꿈 속 몸부림치다
침대 밖으로 나가떨어지는 순간
먼발치서 말향고래가 다시 잠수하는 모습이
설핏 보이다 사라졌다

—「고래의 꿈」 전문

꿈속에서 자신을 끌고다닌 '말향고래'는 진정한 자신, 내면의 자아일 것이다. 우리는 그것을 망각하거나 포기하면서 가짜의 나로 살아가고 있다. 시인에게 시를 쓰는 일이란 바로 이 내면의 나를 찾아 자신의 삶을 되찾는 일이다. 하지만 그것은 쉬운 일이 아니다. 가끔 '환청처럼' 희미하게 왔다가 사라져 간다. '침대 밖으로 나가떨어지는' 것처럼 현실의 힘은 너무도 강고하게 우리를 밀쳐내기 때문이다.

이 설핏 보이다 사라지는 고래를 다시 만나기 위해, 환청처럼 들려오는 진실을 찾기 위해 시인은 언어를 생각한다.

> 거리에서 찐빵을 사서
> 속을 뜯어 헤쳐 본다
>
> 짓눌려 있던 낱말들이
> 일시에 튕겨 오른다
>
> 거리가 갑자기 붐비는
> 말들로 부산하다
> 나는 호주머니에서 빗자루와 쓰레받기를 꺼내
> 바람에 날리는 말들을 쓸어 담는다
>
> —「달과 용수철」 부분

찐빵은 허기진 욕망의 상징이다. 시인은 그 욕망의 속을 보고자 한다. 그 안에는 바로 말이 있다. 우리의 욕망은 사실 말들로 만들어져 있다. 말로 희망을 만들고 말로 이데올로기를 만들어 우리의 욕망을 부풀린다. 우리의 일상에 끼어들어 모든 것을 상투화하고 있는 이 말들을 쓸어담아 새로운 말을 만드는 것이 시인의 일이라고 이해웅 시인은 생각한다.

상투화된 말에서 벗어나는 길은 고유명사를 만드는 일이다.

고유명사 둘이 만나 결혼을 하였다.
일체의 의식은 생략되었으나 이 날 하객들은
의외로 붐비었다
때때옷 곱게 차려입은 형용사가 보이는가 하면
대머리에 모자를 얹은 관형사가 있고
별난 날이면 몸둘 바를 몰라하는 부사들과
시골풍과 도시풍 사이를 기웃거리는 접속사들
엄숙한 순간에도 참지 못해 간들거리는 동사들이 섞여 있었다

…(중략)…

돌은 돌대로 나무는 나무대로 알몸 상태가 좋지 않으냐며
고유명사 집안을 향해 고래고래 고함을 지르며

삿대질을 해대고
바람은 바람대로 지붕을 들썩이며 소란을 피우는가 하면
아궁이에 지핀 불은 고래구녕으로 치달으며
구들을 뜨겁게 달구었다
—「고유명사의 결혼」 부분

세상의 사물들은 다 고유명사이다. 모든 사물은 하나밖에 없기 때문이다. 하지만 언어라는 추상작용이 모든 것을 보통명사화해버렸다. 존재와 존재가 만나는 것은 보통명사에서 고유명사가 되는 일이다. 시인이 사물을 대하는 것 역시 이와 다르지 않다. 그럴 때 모든 사물을 자신의 본질을 깨닫고 살아난다. 바람이 진정한 바람이 되고 구들이 정말 뜨거운 구들이 된다.

시인이 사막 같은 세상에서 잃어버린 자신을 찾고 '말향고래'나 고흐를 다시 만나는 일은 이 고유명사로서의 언어를 회복하는 것이다. 추상화되고 보통명사화되어 결국 시간과 수치로만 환원되는 모든 존재들을 일깨우고, 그 속에서의 자신의 모습을 회복하기 위해 시인이 언어에 매달릴 수밖에 없는 이유는 바로 여기에 있다.

개밥이나 바라기하라고
누군가 붙여논 이름
개밥바라기별

며느리밑씻개 아기똥풀 노루오줌풀
다 좋으나
저 신성한 별에다 겁 없이 붙여논 이름
별볼일 체면 말이 아니다

별 하나 나 하나
별 둘 나 둘
하고 따라가다 보면
그 깊던 눈물샘 깡그리 마르고 말지
—「개밥바라기별 1」 부분

시인의 노동은 사물에 이름붙이기이다. 이름을 붙임으로써 사물은 고유명사가 된다. 개밥바라기별도 마찬가지이다. 신성한 별일 때는 그냥 별일 뿐이다. 그것은 세상사람들의 목표이고 되어야 할 스타이고 영웅이다. 하지만 그것은 단지 보통명사로 상투화한 희망과 이데올로기일 뿐이다. 거기에 '겁 없이 붙여논 이름'으로 명명할 때 '개밥바라기별'이 된다. '별볼일 없는 체면 말이 아'닌 존재가 되지만 그럴 때 모든 별은 진정한 별이 되고 우리의 눈물샘을 마르게 만들 정도로 하나하나 쳐다봐야 할 분명한 존재가 된다.

이렇게 사물을 원래의 사물로 만들고 나를 진정한 나로 만드는 것은 언어를 하나하나 되살리어 고유명사를 찾아내는 일이다. 시를 쓰는 일은 이렇게 언어를 벼리어 나를 찾아가는 과정이다. 이해웅 시인이 바로 그것을 이 『사하라는 피지 않는다』에서 말해주고 있다.

이 시인의 모습을 이해웅 시인은 다음과 같이 고양이로 묘사하고 있다.

> 시신 흔들어 깨우지 마라
>
> 가사상태만 나의 본질이 숨는 길이다
>
> 일찍이 노자가 내 낙법을 배워 갔다
>
> 삼일 굶지 않아도 월담은 생계유지의 기본
>
> 사랑만은 비굴하게 숨기지 말자
>
> 야밤 중 우리의 교성을 또 누가 베끼고 있을라
>
> —「고양이 B」 전문

고양이나 시인이나 모두 이 세상에서는 시신이다. 있어도 없는 존재이기 때문이다. 세상에 아무런 무게를 만들지 못하고 주어진 역할이 아무 것도 없기 때문이다. 어찌 보면 노자의 무위자연 그 자체이다. 그리고 모든 경계를 넘나

드는 월담을 감행한다. 세상의 가치에 맹종하지 않는 자유를 시인이나 고양이도 모두 가지고 있기 때문이다. 그리고 가장 잘 할 수 있는 것은 바로 사랑이고 그 사랑으로 만들어 내는 교성이다. 시인의 본질은 바로 사랑에 있다. 보통 명사로 사물화되어 버린 모든 존재를 다시 일깨우고 그 존재들과의 진정한 만남을 꾀하는 것이 시인의 역할이기 때문이다.

이해웅 시인의 『사하라는 피지 않는다』는 바로 이 역할에 대한 진지한 기록이다. 이 기록이 우리의 삶을 아름답게 만들고 잊혀진 우리의 이름을 되살리고 잃어버린 나를 찾게 하는 큰 힘이 되기를 기대해 본다.

이해웅

이해웅 시인은 부산에서 태어났고, 1973년 시집 『壁』으로 작품 활동을 시작했다. 시집으로는 『壁』, 『반란하는 바다』, 『구름같이 바람같이』, 『씨족마을』, 『먹고 사는 일』, 『겨레의 恨』, 『눈짓으로 오는 소리』, 『잠들 수 없는 언어』, 『습관성 연구』, 『생각들의 행』, 『老子 일기』, 『길의 식성』, 『곡선의 저녁』, 『숲의 그림자엔 쇳소리가 난다』, 『맛, 열반涅槃』, 『반성 없는 시』, 『허공 속의 포즈들』, 『파도 속에 묻힌 고향』 등이 있고, 시선집으로는 『산천어가 여는 아침』, 시전집으로는 『시간의 발자국들』(Ⅰ·Ⅱ권)이 있다. 이밖에도 다수의 에세이집과 여행기와 연구서 등이 있으며, 부산시인협회장을 역임했고, 현재 부산교육대학교 명예교수로 출강을 하고 있다. 한국작가회의 회원 및 부산작가회의 고문이며, 부산시문화상을 수상했다.
이해웅 시인의 열아홉 번째 시집인 『사하라는 피지 않는다』는 현대자본주의 사회의 물신숭배사상을 비판하고, 그 결과 진정한 자아를 찾아나서고 있다고 하지 않을 수가 없다. 진정한 자아를 찾는다는 것은 전혀 때묻지 않고 순수한 언어를 되살려내는 것이며, 이 때묻지 않고 순수한 언어를 되살려내는 것은 노자의 '무위자연'과도 같은 이상적인 낙원을 건설하는 일일 것이다. 삶이 예술(시)이 되고, 예술(시)이 삶이 되는 세계가 바로 그것일는지도 모른다.

이메일주소 : yhung40@hanmail.net

이해웅 시집

사하라는 피지 않는다

발　　행 2013년 4월 30일
지 은 이 이해웅
펴 낸 이 반송림
편집디자인 김지호
펴 낸 곳 도서출판 지혜
계간 시전문지 애지
기획위원 반경환 이형권 황정산
주　　소 300-812 대전광역시 동구 삼성1동 273-6
전　　화 042-625-1140
팩　　스 042-627-1140
전자우편 ejisarang@hanmail.net
애지카페 cafe.daum.net/ejiliterature

ISBN : 978-89-97386-50-5 03810
값 10,000원